JN418178

단오시선

단오시선

김옥녀 시집

月刊文學 출판부

| 시인의 말 | | 自序 |

설령 시가 되는 자양이 부족하다 하더라도 시의 터전은 햇빛과 물과 호미를 마련해 놓고 어떠한 상황에 있을지라도 펜만 들면 자연히 나오는 시인의 사명, 시 밭을 호미로 극적거리면 가슴을 울리는 신음소리 같은 것이 돋고 저절로 자라나는 것이 있었다.

누가 그랬다, 시 쓰는 것은 신과 대화하는 거라고, 고백하며 하소연하는 거라고, 어떠한 상황에서 나, 어떻게 해요, 가슴이 몹시 아픈데 그 치료하는 방법을 찾는 해법은 무엇인가.

써놓고 만지작거리면서 가슴을 달래는 것이 시라고, 깨어 있는 생각으로 풀어 본다. 이것은 내 아집으로 인해서 나오는 일이지만, 삶이 나를 물고 뜯으려 할 때 한사코 안 물기겠다고 싸우는 것이 시인으로 이끌어내는 방어 자세이기도 하다.

시는 외로워야 하고 고독해야 하고 패배해서 끙끙거리는 것이다. 시의 모닥불로 살아내면서 스스로가 만들어가는 이 인고 속에 창를 내고 삶은 들랑달랑하며 익숙해지고 그 익숙함 속에서 건져내는 것. 만약 이 일에 누가 방해를 한다 생각이 들면 어느 누구도 접근 못하게 문을 꽉 닫아버리고 홀로 그 자리를 지키는게 시, 무엇인가 채우기 위해 갈망하는 게 바로 시인이다.

2017년 10월
김옥녀

차례

시인의 말 003

보물찾기 1

새 달력을 걸며 012
보물찾기 014
스텐대야 016
영산의 향기 018
보리밟기처럼 020
법정에 선 각설이 022
숙제 023
구름마루 024
하소백련 026
청운사 027
별미 028
감 029
아침마다 짹짹 끼리 030
익산이 내게 준 배산로 24길 032
거리공연 퍼레이드 까치 034
시 나무의 감 036

단오시선 2

밥상 040
단오시선 042
호수 거기 044
꽃 시집 045
꽃샘 046
글 사랑 047
호미 048
호박의 선물 049
우연 050
홍당무 051
기둥에 묶인 단오 그네줄 052
무왕이 닦은 터전 053
구제역 때문에 054
세월호 때문에 055
여름 특보 056
폭염의 외도 057

고구마꽃을 보며 3

모닥불 060
고구마꽃을 보며 062
고구마꽃 064
새벽을 읽는다 065
옥수수 066
목련꽃 067
봄비 068
새벽 눈길 069
소녀야 070
뒤뜰 오동나무 밑 072
웃음꽃다리 074
내 손자가 076
빈 우유곽은 078
강태공 080

네 잎 클로버 열차를 타고 4

신호 082
신호등 앞에서 083
네 잎 클로버 열차를 타고 084
만경강 그 물줄기 086
짚 088
참깨의 웃음 090
나는 고모엄마 092
화회마을 093
지례마을 예술촌에서 094
횡재 095
간증 096
배산 연가 098
만추 거리에서 099
새해 앞에서 100
설악산 101
단풍 연가 102

내가 할 수 있는 일 5

아리울 104

임플란트 이 105

내가 할 수 있는 일 106

민들레 꽃씨 108

오산 사성암 109

근하신년 110

일출 111

설경 112

바다는 방생을 원해 114

눈꽃송이 해맞이 116

국제박람회에서 118

설(雪) 동백 119

| 작품해설 |

다양한 생활시 퍼레이드 · 정성수 121

1
보물찾기

새 달력을 걸며

내 생활 도구가 낡았다고 누가 말해도
나는 박애주의자도 아니요
신본주의도 아니다
그저 건너야 할 다리를 걸어가고 있을 뿐

오늘은 무엇을 먹을까
몇 시에 누구를 만나고 무엇을 입을까
서서히 준비하고 생일도 챙기고
약속도 정하고 새끼들 보는 재미
새 달력 속에 들어있는 그림 찾아가는 것

이래저래 고인 물을 퍼버리고 나면 까치 소리를 듣는다
틀별한 것이 있다면 저 깊숙이 들어있는 쌈지가
나를 보고 눈짓을 해주어야 하는 현세만 생각하다
쌈지가 눈짓을 안 하면 달리 준비를 해야 하는 일로

오래 신은 구두 뒤꿈치처럼 달아서
조금 불편하기는 해도 그런대로 아침 먹고 글을 보며
어찌보면 저 달력의 칸칸이 끔직함이

들어있을 줄도 모르지만

새 달력에 줄줄이 걸린 한도 풀어가는
일이 있을 거라는 기대도 있어
이것밖에 없는 지금은 살아있어 감사한다.

보물찾기

소꿉친구였던 배산은
소풍 와서 보물찾기한 이유로
내 발을 붙들었나!

인생이란 여행에서
아직도 뒷동산을 오르내리게
내 생을 쥐락펴락하고 있다

백제 왕도였던 어울마당
단오 풍악을 울려주고
축복 받은 해맞이까지 이곳에 차린다
하늘 아래 이만한 명소가 또 어디 있으랴

내가 찾고 싶은 발길
요람이 나를 불렀던가
여정의 동행자로
내가 그의 손을 붙들었던가!

내게 주어진 산지에서

배산 정기 가슴 깊이 들이마시며
숨 쉬고 산 것이 고마워
백제의 깃발 흔들어대는 사리장엄 같은 보화
나도 한 번 이 뒷동산에서 찾고 싶다.

스텐대야

조개피로 소꿉놀이하던 소녀
혼담이 오고 갈 때부터 준비된 스텐대야
시집오는 날 나보다 먼저 방 가운데에 앉더니만
제 자리가 아닌 듯싶어 저는 세면대로 가고
나는 방에서 살았다

자주 세면실에서 발에 걸려 비상벨인 듯
요란한 징처럼 난 이렇게 산다고 자기를 알리기도 하지만
씻으면서 받아내던 찌든 때
수세미로 박박 닦아주면
그때 시집오던 날 마냥 반들반들한 몸에서 나는 빛
천년만년 따놓은 광처럼 뽐냈다

사나브로 검은머리 희어가는 무상함
뉘 위로하랴마는

스텐대야
날 때부터 받은 복자를 가슴 한가운데 새겨놓고
함께 살아온

시혼(詩魂)의 손은
아직도 스텐대야를 닦고 있다.

영산의 향기

너비바람이 일어나고 사라지는
마음밭을 경작하며 사는 나에게
영산은 늘 식사거리가 되어준다

마음밭은 넓었고 팍팍하여
하루하루를 만져주고 도닥거려주어야 했었다
배고프면 영산을 찾아 푸르름 뜯어 생으로 먹고
구워 먹고 조리해서도 먹었다

길을 가다 부딪쳐 멍든 것도 영산에 들고 가
바꿔보는 발길은 이미 영산에 가 있었고
토라진 심성까지 영산의 품에 안겨서
종알거리고 있었다

괜찮다 괜찮다, 그래도 등을 도닥거려주며
살살 풀어라, 살살 걸러라,
숨소리를 조절해주며
핏기없는 내가 푸르름이 고파서 왔음을 알고
통째로 숲을 안겨주었다

두 손으로 숲을 잡고 요리조리 살펴가며
조금씩 비어먹고 허기를 채웠다
새들이 둥지를 튼 큰 나무
작은 나무가 바위사이로 양손을 펼치고
오손도손 지내는 걸 보여주는 영산은

친구 같은 좋은 만남에 더 애착이 갔고
싱그러움이 뚝뚝 떨어지는 풍경으로
홍이 돋는 마음밭에
온종일 봄이 가득했다.

보리밟기처럼

보리밟기처럼
그렇게 밟아주어야 얻을 수 있는 나라면
지난 겨우살이 얼 부풀은 몸
봄이 되어도 보리 싹은 올라오지 않고
기회만 엿보고 있는 저 깜부기 탈 억지에 엉엉 울었다

봄바람 속에 이고지고 가는
한 번 뿐인 생
눈물 뿌려 싹틔운 보리밭에
톡톡 여문 청보리 같은 가슴
쿵쿵거리며 올라오라고

추수 때
바람의 겨와 같다고 말해주며 다그치며
전신에 신발자국 드러나게 꾹꾹 밟아 주랴
다시 한 번 꼿꼿이 서게
뭉개지고 혼절하게 밟아 주어보랴.

밭이랑으로 노을이 넘어 들도록

나를 기다리는
청산도 나비도
보리피리 불어대며
실한 뿌리가 되기 위해 밟아 주랴.

법정에 선 각설이

전국을 돌아다니며 많은 이에게
엿 먹인 죄인 엿장수

품바놀이에 빠진 당신들이
엿을 먹었었지
내가 먹인 건 아니지 않소

정치판에 놀고 싶어 퍼준 돈
엿 사먹고서
누구 탓하는가

정치판 속에 유병언 가식 성자도 있었고
품바놀이에 세월호에 희생한 어린 천사들이 소리쳐도
못 듣는 정치

이렇게 생각하자!
정치판 각설이가 엿 먹인 것이 아니라
각설이 놀이에 팔려서 엿 먹은 게
엿 사먹은 것이 아닌가.

숙제

어떻게 살아야 하는가
숙제를 받고 고심한 지 십수 년

어머님 닮은 꼴로 살면서 붙어 다닌 그 고심
숙제를 준 비밀은 또 무엇인지,

몰라서 이제껏 내가 산 것이 부끄러웠다면
그리스도 비밀은 거기서 나를 지켜보고 있었겠지,

내 형제가 먹는 물컵 하나 씻어놓지 못한 죄
그리스도의 비밀은 거기서 가슴을 쳤겠지

어둠에 가린 것들 드러내
그리스도 비밀을 알아내는 것이 깨달음인가

그래야 밝은 생각을 하게 되는지
내 삶이 다 나 아닌 다른 사람의 덕분인 걸 알고서야

기독의 그 비밀 앞에서 엉거주춤 서 있는 술래여
나는 숙제를 과연 풀 수 있을까.

구름마루

청명한 날
하나님은 구름마루에 올라서서
세상을 내려다보고 계신다

새벽에 들리는 기도에 주목하고
내가 지금 무얼하고 있는지
밝은 생각은 하고 있는지
어디가 아파서 앓는 소리가 그리 들렸는지
죄악으로 밥 먹고 있지는 않는지

허겁지겁 디딘 발이 허방으로 빠져
허우적거리지나 않는지
정말 그랬나 귀 기울이고

자유의 광야에서 비비적거린 표적
검버섯과 주름살 투성이로 허물도 털어버리지 못하고
바람구멍도 못 메꾼 움막에서
살아온 이 허방을 내려다보며
안타까워하신다.

맘속으로는

질 난 때케칼로

백지 풀 먹여 칼끝으로 틈새 꼼꼼히 밀어넣고 살았더라면

등 시리지는 안았을 텐데 하며 내린 처방

어디에 있던 신성을 지니고 살면

청산에서 내 영혼을 보리라는 말씀은 들리고

구름마루는 세계 어느 하늘에서도 보였다.

하소백련

바람의 발에도 진흙을 묻히고 다닌다는
징게멩게 청운사 거기
그 근방이에요
몇 해 전 미륵불을 모신 절인데
하소백련 잔치에 보시하려고
낚싯대를 드리우고 있는 차

마침 지나는 소나기가
연잎에 은구슬을 부어주니
연잎은 욕심내면 화근이 온다고
쪼르르 쏟아버리고
한 방울만 굴립니다

이것을 본 백련꽃
빙긋이 웃으며
진흙밭의 보석으로 세수하니
새뜻한 백련꽃 눈이 부시어
내 시름이 녹아 버립니다
배련, 이런 힘을 지었다고
한 수 보시합니다.

청운사

하소백련 잔치에
웃 주지로 올려놓은 시화전
미륵불 앞에서나
다랑가지 앞에서나
비바람 속도 끄떡없이
청운사를 지켜주지만

보기만 해도 골이 찬 찰진 운기가 없는게
다랑 논에서 환하게 웃고 있는
백련보다 더 많이 핀 시가
오시는 발길을 반기지만
전국 방방곡곡에 방을 내건 저 백련꽃

장마로 가뭄에 콩이 나듯 하여
백련꽃 대신 시가 환하게 웃고 있지만
왠지 쓸쓸하다
왠지 흙발이 끈적끈적하다.

별미

누구나 한 번쯤은
기대해보는 문턱에서
부임하시는 목사님 점심 대접에
별미를 차려본다

야곱이 아버지를 속이듯
팥죽으로 장자권 챙기는 야비한 마음
지금 나는 그 믿음 같고
별미를 만드는 거라고 믿는 것으로
대접을 해보는 거라 할지

오직 기대로 이어지고
그 기대로 늙어가고
난 기대로 별 탈 없고
하루하루를 보내게 되는게 축복 받는 비결

순종으로 나에게 물어보는 이 일
별미는 늘 평상시도 먹지만
누구를 대접하는 것은
기대가 그림자처럼 따라붙는다.

감

거저 소나기만 만나도 우수수 떨어지고
꽃이 지천이라 밤새 비비다가
날다 밝히고 닭이 울었지

요행히 잡고 당기며 기를 쓰던 연민은
쨍한 날 그 햇살 퍼담아 끼얹으며 문지르다가
반들반들한 얼굴이 붉어질 녘까지

땡감인데도 눈독을 들이게
연민이 눈웃음까지 치는 걸 보면
상당한 지식을 부모로부터 배양 받았지

요조숙녀처럼 함부로 먹히진 않으려고
물면 입안을 질식시켜버리는
떫음으로 무장을 했지

세상 얕보고 덤비지 말아라
허공에다 방 들인 것은
저절로 익어버린 사랑이다.

아침마다 짹짹 끼리

백제 왕도의 유적을 가진 고장에서
아침을 맞는 참새는
머리 숙여 감사한다
짹짹, 그래그래

이 강산에서 제일 부러운 집 감나무에 우리가 앉아
미륵사지 유적과 상생(相生)하는 오늘을 맞고 있잖아
찍찍, 그래그래

가끔 안채에서 큰소리가 나기는 하지만
그것은 세대 차이로 슬슬 세어 가는
예! 권위를 찾자는 소리이지
그게 우리를 쫓는 소리는 아니잖아

백제의 왕도 숨결을 느끼면서 아침마다 짹짹 소리
어느 한 곳도 백제의 혼이 깃들지 않은 곳이 없는
후손들 귀에 파고든다

미륵사지 왕궁리 유적 세계 유산에 등재되어

고도 새들이 먼저 좋아서 저리 짹짹 찍찍하는데
백제 후손인 우리가 어찌 기뻐하지 않겠는가

마음같아서는 새들보다 먼저 일어나고 싶고
좋아서 해보다 먼저 일어나
우리 보물 닦아 번쩍번쩍 윤이 나게

이 강산 제일 부러운 집 감나무에
새들이 모여 저리 놀듯
우리 마을에 놀러오실 손님 잘 놀다 가시게
늘 들고 다니는 손가방 속에도 준비해 둔다.

익산이 내게 준 배산로 24길

친구야, 알고 있겠지
전에도 있었고 후에도 있을
내 요람인 배산으로 가는 길

운동기구를 놓고 누구든 와서 놀이하며
팔각정에 올라 내 고장 자태를 둘러보라
또 내려오면서 시의 영감을 주워보라며
단옷날 축시도 읊게 했었지

원광중·고 옆길 보리수 밑
살포시 내 삶이 깃든 그늘 밑을 걸어가면
복음성가에 맞춰 덩실덩실 춤이 나오고
어떤 신화가 창조될 것 같은 춤은
무등열차를 타고 행복의 오름길 가고 있었지

하루치 운동을 마치고 집으로 오는 길
세상에서 가장 소중한 내 아이들이 꿈 찾아가는 행로
비바람 몰아쳐도 가는 길 돌릴 수 없는 길이었고
좋은 일도 이 길을 걸어서 내게로 왔었지

이래저래 세상, 정처없이 헤맬 것 없어
비록 줄로 재어 준 구역이지만
그 길을 걸으면서 출렁거리던 마음은 정화되었고
사랑하는 사람들 생각하며 걷다보면
주어진 이 길이 그리 고맙고 감사했었지

새로 국적을 얻은 배산로 24길
미래의 보물 창고로 가는 길
내일도 모레도 걸어보고 싶은 길이다.

거리공연 퍼레이드 까치

주렁주렁 매달린 서동잔치 볼거리 걸고
행차 따라가는 까치 행색 좀 보소
꽁지는 축 처진 채
새초롬한 날개를 폈다 내렸다
날개를 펴고 한 바퀴 돌았다
구경꾼들이 손 흔들면
다시 되돌아보는 조련된 까치

같이 가는 동행자의 세상소리
큰 마이크 소리로 날리며
흥겨운 음악 메고 가는 차
꽁무니에서 품어내는 매연
허파 속으로 밀어넣으면서도
좋다고 흥겨운 척 몸을 흔들어댄다
세상 근심 내려놓는다
잊지 못할 추억 속 여행을 한다

춤추면서 거리를 활보하였다는
새로운 세계에 들러

이상한 나를 보고
만약 혼자 이 쇼를 하며 거리를 갔더라면
신고 들어가서 정신병원에 잡혀갔을 텐데
아무튼 서동 선화 행차 까치는
운이 좋은 까치야.

시 나무의 감

창 밖으론 감나무
풍년이 들어
온 식솔이 목을 빼더니
이젠 새들의 공연장이 되고 말았다

덕장의 명태같이 마른
남은 감을 쫓아 먹으며
햇살 환희받는 저 감나무

푸드득 짹짹
푸드득 재걱 재걱
새들이 몰려와 공연을 한다

보는 재미도 쏠쏠하니
새의 노래
새의 사랑
새의 날갯짓에 감물까지 흠뻑 배어들었고

앙상한 가지엔 새 순

온갖 풍상을 다 겪어
새들에게 먹이를 주는

저 창 밖의 큰 은혜
내 방으로 모셔 와서
시 나무의 생각은 잘도 붙는다.

2
단오시선

밥상

굽이굽이 흐르는 삶
바람에 몸을 비비 틀며 풀 춤으로
나를 환영하는 금강 유력으로 긇다

이리저리 뛰는 풀벌레들 반갑다고
그리움에 걸식 들었던지
벌 나비 윙윙 돌고
들판 공중 자전거 탄 잠자리들도 나 잡아 봐라, 한다

이 모두가 그렁살이에서
잊고 살았던 내 친정식구들
어린 날 잠자리채에 담긴 꿈도 날아다닌다

이게 웬 밥상이야, 시장기 든 참에
실컷 먹어보는 추억의 찬미
동심이 베풀어주는 초원의 한 마당

뚝섬에 털썩 주저앉아서
풀춤에 몸을 섞고 있으니

그렁살이 비벼댄 꽃가마 탄 시가
아직도 밥상을 물리지 않고 있다.

단오시선

소나무 향기 그윽한 마을에 사는 사람들은
단옷날 모여서 흥겨운 풍악소리에
고개를 끄덕끄덕 흥으로 시를 써요

작은 마당이지만 모두가 즐기는
만국기 줄줄이 걸어놓고
노래자랑 춤자랑 행복자랑을 써요

아카시아 향기 입에 물고
여린 새싹까지 구구절절이 시를 써내면
기가 왕성한 단옷날 모인 시객들은
노는 것도 시다 발표하지요

팔씨름, 장기, 바둑, 궁, 아슬아슬한 그네의 묘미
하늘님 수염까지 쓰다듬는
시선을 끄는 저 널뛰기 시
신나는 감탄사로 환호를 해요

이것이 우리 마을 사람들이 사는 모습여요

어찌 난들 빠질소냐, 들썩거리며
어깨춤을 추는 신록의 추임새
구경하겠다고 한량 걸음으로 오시는 임들 보소

가슴 속까지 번져오는 배산 정기 담아가는 이곳에 오시면
단오시를 읽어볼 수 있어요
우리 마을 사람들은 이렇게 풍류를 즐기며
살고 있음을 볼 수 있어요.

호수 거기

언제나 차 향으로 다가오는
잔잔한 호수
거기는 면경처럼 내 얼굴을 들여다보는 손거울

주머니에서 꺼내 쓰는 물건같이
거울 속에는 산천이 담겨있고
하늘도 내 것인 양 펼쳐져

종종 어깨동무하고
더러 평온을 훔치기까지 하는
내 마음 깊은 곳

왜, 없겠는가
붉으락 푸르락
또 붉으락

시도 때도 없이 변덕스러워
거울을 꺼내 들면
잠시 눈 녹듯 하는 바로 거기.

꽃 시집

친구의 시집을 받고
보답할 길 없어
새봄에 피우는 모든 꽃 다 드립니다 .
라고 써서 보낸다

파란 하늘에 뭉게구름이 핀 세상
빙긋이 웃음 짓는 꽃
이름에 제목을 붙여서
개나리 라일락 목련 꽃 읽어 가면

시향에 취하고 말 명시들
꽃 향에 넘어지고 말
새봄에 쓴 하나님 작품
나만 가져서는 안되는.

꽃샘

1
누가 보아도
봄으로만 향하는 발길
막을 길 없어 밤새 앓더니만
아침에 살포시 물린 꽃잎이 된다

짝사랑하던 동장군
마지막 단검 빼들고
무우라도 찌르고 간다고
가슴에 무늬 하나 수놓았다.

2
지금 숨쉬고 있는 이 순간을
강짜한다고 못 오는 봄이더냐

매섭게 엄포 준다고 못 오는
임이더냐
어차피 오시는 임
꽃향 뿌리고 맞으리라.

글 사랑

글 사랑을 한 사람은 알 거야
우연히 만난 자리에서
시인과 서예가가 되는 그 스릴

여자의 시를
남자의 서체로
족자에다 써넣는 일

난해하지 않았어
부끄럽지 않았어
명작이 탄생했으니까

시만이 만날 수 있고
시만이 가슴을
뜨겁게 하는 감동이니까

돈이 안 된다고 멸시를 받아도
한 귀절의 시로 위안을 받았던 기쁨
은혜였으니까.

호미

품에 심은 자식 수레에 얹고 가
세상에 모종해 놓고
물 주고 태풍에 쓰러진 몸 부추겨
푸름 잊지 말고 살아라 당부하는
알곡이 되는 그 길

내게 주어진 뙤약볕을 엎드려 받아
알맹이 거둬들이는 일 많이
묵은 밭도 갈아
옥토로 만드는 어미

아침마다 그 밭을 둘러보며
끼어 사는 잡초들 범접 못하게
호미로 닥닥 긁어버리고 와서
담장 끝에 걸리는 그 사명

사랑으로 굳은
누구 하나 변론해 주지 않는
그에게 잡혀서 한평생 허리 휜 호미
황혼 길에 걸리는구나.

호박의 선물

밭가에 심은 호박넝쿨 나라에서
꽃과 벌이 술래잡기하며 놀다
가슴에서 솟는 젖을 항아리에 짜 담는다

신기하게 큰
야, 이 호박 좀 봐
보화를 쓰다듬듯
기쁨을 쓰다듬으며 솟구치는 자랑 동네방네

하찮한 호박이지만
큰 항아리만 해서
절로 기쁨이 쏟아져 나오는 밭
우리 아이들도 이런 기쁨 안겨주기를 빌어본다
호박 궁뎅이를 도닥거려주며.

우연

문협 육필전 때
도자기에 글 새겨넣는 장소로
우연히 나를 밀어붙였다

짝사랑만 품은 채
모진 세월로 퇴색한 얼굴이지만
전에 주었던 그 눈빛

쨍그랑 홍도로 돌변하여
에헴, 하며
족자 속으로 들어가는 걸작품

서체는 포즈까지 형틀에 묶여서
내 손은 얼떨떨 낙관으로 끌려가고
족자는 명작이 웃는 그 자리
대작이 된 걸 그 사랑만 안다.

홍당무

좋아한다는 건
같이 동여매려고 실을 푸는 것

그 앞에서 지글지글 딴전을 부쳐서
환심을 사려고
저리 꽃그늘 밑으로 눈웃음도 치고

좋아한다는 건
어찌 보면 울렁증 환자
미친바람 든 속

누가 보아도 거울 앞에 선
소녀의 얼굴은
홍당무.

기둥에 묶인 단오 그네줄

배산 오르는 길 왼쪽 단오 놀이터
억지로 심겨진 나무 몇 그루가
황당한 표정으로 나에게 사정을 한다

변사또에게 수청 안 들은 춘향이 마냥
한양 간 이도령의 마패만 기다리는 저 눈빛
기둥에 꽁꽁 묶인 그네를 쳐다보는 나는 슬퍼진다.

영산과 한집에 사는 우리 마음
어느 이가 저리 짓밟는지
이곳에 고운 목청을 다듬던 새들은 어디로 마실가고
구설수만 지지배배 들여 안타갑구나.

익산의 자랑인 영산 추한 모습 부끄럽구나.
기둥에 묶인 저 단오 그네줄.

무왕이 닦은 터전

마한 백제의 숨결을 느껴보는 익산은
문화제 국보의 도시요 보석의 도시로
첨단의 기술이 오늘의 孝와 사랑과 情이 어우러지고
바람에 나부끼는 가로수만 올려다 보아도
사랑의 정감이 감돌아

그 옛날에 무왕이
마 망태 메고 다인 발자취 자랑삼아
천년 고도 익산은 여의주를 물고 하늘을 오른다나
동서남북으로 기백을 펼치는 백제의 후손들
모여 사는 줄거운 징표 여기 있네
세계에 자랑하는 장엄사리 유적이라네

구제역 때문에

자식같이 키운 소 돼지
소복을 뒤집어 씌우고
꺼꾸로 던지는 울부짖음

우리 집을 책임지고 못 먹고 못 입어도
미래 꿈을 주었던 재산
목록 1호가 패대기를 치는구나

보이지 않는 균 하나로
존귀한 생명을
이리도 쉽게 묻어버리는가.

세상에 비상벨은 울려도
이 많은 박사중에
대책 박사는 없단 말인가

비상 비상, 오 하늘이시여,
누가 무슨 말을 하여도 들리지 않소.

세월호 때문에

어이하랴 어린 학생들
절간 성막 기도실에서
너희들을 위해 엎드려있는
어미들 어이하랴,

진자리 마른자리 훔치며
눈에서 뗀 적이 없던 새끼야
뛰는 심장을 어떻게 멈추게 하랴
얼마나 엄마를 불렀더냐,

진도 팽목항에서 저 어미의 통곡은
강풍이 되어 대서양으로 먼 바다를 뒤집어놓고
너희들을 놓지 않으려던 어미는
지금 가슴을 도리고 있구나.

여름 특보

열대아를 풀어놓은 올 여름
살아있음이 괴수라
펄펄 끓은 불가마 속
폭염의 권력은 지상을 휩쓸고
그래도 나를 못 이긴다고 더 강한 무기를 동원해
불덩어리를 연일 굴린다

살아남기 위해서 맞서보는 괴로움
지금 나 있는 곳은 더위 먹는 상처뿐 아니다
시시때때로 부딪치는 옳고 그름
빼앗으려는 자와 뺏기지 않으려는 자의 싸움판
생존경쟁은 살아남기 위해서
죽은 척도 약일 게다.

폭염의 외도

거짓말이 아니었어 올 여름은
우주의 가마솥에다 우리를 삶고 있었어

아무리 삶아도 우리를 못 이긴다고 말을 해도
폭염은 눈을 부릅뜨고 독립군에게 한 고문처럼 강도를 더 높여
우리를 생체실험하며 즐기고 있었어

저녁이 되어서야 힘이 빠지는지
달궈놓은 패잔병처럼
남자한데 덴 여자가 되었어.

3
고구마꽃을 보며

모닥불

앞이 캄캄한데
새해 오는 길목을 지키는 눈망울들
마음 마음에 불붙여 모닥불을 피운다

춥고 설레는 눈으로 어둠을 핥아내며
동동거리는 발걸음부터
먼동을 밝힐 해맞이다

왁자지껄한 행사는 끝나도
모닥불은 그 자리에 남아서
손을 비비며 한 마디씩 한다

"새해에는 잘 되겠지"
둘러있는 사람들 옷이나 얼굴에 재티가 붙어도
재티는 희망의 꽃이었다

영산에서 내려오면 보이고 영산에 올라가자면 그 자리에 있는
모닥불은 추위를 녹여서 좋고
가슴으로 옮아붙어서 좋았다

새해의 다짐은
누구는 부자되는 꿈으로
누구는 쉽게 오는 좋음을 쫓으며 기도로 수련으로

활활 타는 불처럼 그렇게
억척스러워야 살아남을 수 있는 병신년(炳申年)을 향해
모닥불은 축복의 마중물을 붓고 있다.

고구마꽃을 보며

삶의 뒤안길에서
발붙일 곳이라곤 맷갓밭
두렁을 만들어서 흙속에 몸을 푼다

내리쬐는 햇살을 받아 끓여
훌훌 마시는 산후조리밖에 더없는
산 뻐꾸기 울음이 하도 구슬퍼
흘리는 눈물로 돌아눕고

아침에 피었다 저녁에 지는
나팔꽃을 복사한 꽃에게
벌 나비도 찾아와 준다지만

보잘 것 없는 오두막일지라도
지풀을 지펴 지어낸 밥상 앞에
떡두꺼비 같은 새끼들 끌어안고
더 부러울 게 없는 고구마 꽃 밑

가까이 오는 발자욱 소리

가을을 풍만으로 채워가는

허름한 산비탈에도 기쁨은 찾아와주네.

고구마꽃

살면서 처음 만난 고구마꽃
새로 오신 목사님 미소같기만 한데

그 목사님 미소를
복사하는 성도들로 인하여

고구마꽃은 하나님이 제일 좋아하는 꽃으로
은혜가 향기롭다

믿음은 이 맛을 곱씹는 걸까
이 맛이 천국 가는 길인가.

새벽을 읽는다

읽어나가는 책장처럼
넘겨왔던 오늘
벅찬 설레임으로 조용히 세상을 읽다보면
시작이 반이라고 출입문이 열린다

먼저 알고 덤비는 찬공기
잔기침이 고요를 흔드네요
꿈이 시작하는
새벽 불빛으로 잠을 털고

내 등덜미를 잡아당기는 기도의 불
철철 끓는 청춘의 피로
맞추어놓은, 한 번밖에 없는
새벽을 읽어 간다.

옥수수

방금 솎은 웃음처럼
이빨을 드러내고 웃는
옥수수

불쾌 지수가 높은 여름에
꼭 있어야 할 친구
웃는 이빨을 뽑아 먹는 것도.

목련꽃

홀랑 벗고 한겨울 눈 속에 서 있기에
체력 단련 하나보다 했던 그가
4월의 신부에게 드레스를 선물하고 있다

머리너울부터
깃, 도련, 화장, 치마 밑단까지
손수 목련꽃을 달아 만든 드레스

4월의 신부가 입고 시집가는
그 날 나도 축의금 들고 가
축하를 해주어야지.

봄비

물려받은 논농사 잘 되게
살풋살풋 비료 주시는 아버지같이
그렇게 봄비는 오고

모퉁이에 숨은 꽃샘은
귓불이 시린지 도랑물을 따라가며
쌩둥거리다 콧방귀치다
못 이긴 척 아쉬워하는 몸짓이 역력하다

잔뜩 죄고 있던 허리띠를 늦추는 꽃샘
봇물의 철렁철렁한 소리를 들으며
양지 끝에 볼록해진 매화 눈두덕을 보고
생각을 바꾸워 봄의 왈츠에 발을 맞춘다.

새벽 눈길

새벽을 열려고 누군가 발자국을 내고 있다
사각사각 밤새 온 눈 속을 걸어
하나님과 면담 하러 가노라면
눈 밟는 소리
음표가 붙어 재미가 있다

매서운 칼바람 속인데도
단발 소녀는 아버지 신부름을 곧잘 해서
이쁨을 독차지 했던
기억만 떠오르다 또 떠오르다.
눈길 속 동요는
꿈 많은 소녀와 동행을 하고 있다

소녀야

아침에 떠오르는 해같이
네 얼굴에서 광채가 나
눈이 부시구나

해맑게 웃고 있는 소녀야
너의 희망이 말발굽 소리를 내며
달리는 용사같구나

삐죽이 나온 네 입술이
어미에 대한 불만이라는 걸 안다
그것이 나의 희망이라는 것도 안다

이 진자리가 너의 꿈이 들어 있어
방긋방긋 웃는 네가
넓은 세상을 향해 기다려달라고 속삭이며 순응하는 네가
큰 기대의 꽃봉오리가 아니더냐

그 꽃 필 준비가 되어
가슴이 마냥 부풀어 설레고 있는 소녀야

하늘의 별도 따낼 꿈으로 도사린 소녀야

그 자리에 더 그냥
그 자리에 더 머물러서
어미 희망으로 부풀게 해주는 내일을 맞자꾸나.

뒤뜰 오동나무 밑

정말 그때는 몰랐습니다
오동나무가 있고 장독도 있는 뒷뜰은
어머니가 장 푸러 가는 곳이라고만 여겨
그 냄새 속에 항상 어머니가 섞이고 말았습니다

오동나무 그늘 밑에 앉아
깊이 생각하고 계시는 어머니
그 얼굴에는 늘 그늘이 서려있어
오동나무 그늘이라 여겼었고

늘 근심에 잠겨 있던 어머니가 되어
뒤뜰 어머니가 앉아 계시던 그 곳에 앉아서
부모 뜻 따르지 못해 시대의 뜻이나 따르는
아, 어머니 얼굴에 그늘 든 걸 이제야 알았습니다

속 썩여 그늘이 든 걸 이제서야 알고
어머니의 뜰은 여인의 한이 묻어
오동꽃이 피고 질 때면
예사롭게 그런게 아니라는 걸 알게 되었습니다

내가 지금 흘리고 있는 이 눈물 또한
그때 어머니가 흘린 눈물임을
비로소 알게 되었습니다
너무나 늦은 이제서야.

웃음꽃다리

아들의 반쪽이라면 내 새끼인데
내가 건너는 다리는 가깝고도 먼 인연으로 흐른다
껄끄럽고 군시러운 명일 때면
잊어버릴 듯한 얼굴 사이로 손녀가 웃는다

와서 웃고 놀아준 그 얼굴이
눈에 밟혀 삼삼하기만 한데
반쪽에 폐 끼치지 않으려
손녀 노는 어린이집으로 찾아 갔다

우리가 마주치려든 곳은 벌판이었던지
며늘아기는 고갤 돌리려 하는데
손녀 선생님의 말
"누가 오셨어요"
"어쩐 일이세요, 그래 그냥 왔다,"
그 애도 따라 미소 핀다.

볼과 볼을 비벼대며
손녀 웃음에 뿅 간 할미

자주 오고가고 해야 천륜의 고지를 넘는 정
끈이 되어 묶는데

할미 마음 녹인 꽃 같은 손녀의 웃음
봄눈 같이 녹아가고
그 며늘아기 왜 왔는지 하지만
꽃 같은 웃음 내 가슴에 꽂는구나.

내 손자가

불면 날을까 쥐면 터질까
오매불망 키운 외손자
3학년이 되어서는 철이 들었는지
토끼처럼 귀를 쫑긋 세우고
제 어미를 생각한다

어버이날이라고 제 어미가 참외박스를
할머니 있는 현관에다 놓고 출근했다
이것을 본 손자 한참을 머슴밥처럼 생각을 푼다
단내나는 참외 박스를 아래층에서 들다 끌다 하며
제집 이층으로 가져가면서 하는 말

"생각을 좀 해봐. 돈은 우리가 버는데
왜? 참외가 할머니 집에 있어야 하냐고"
끙끙대며 그 무거운 걸 끌고간다.

이것을 본 할머니 단내를 핥으며 웃음이 나와
그냥 단내나는 웃음이다
갸륵한 내 손자가 할머니는 단내만 맡으라 한다

단내, 냄새만 맞고 사는 할머니라는 걸
어데서 보았나 제 엄마를 생각하는 것이다.

빈 우유곽은

하던 대로 그대로
이백 미리 우유를 아이에게 먹인다
쪽 빨아먹으면 빈 깍지는 버린다

기저귀 갈아주고 쭉쭉이도 시키고
다독이어도 칭얼대면 빈 젖이라도 물려주고
예뻐서 어쩔줄 모르는 할머니 아닌가

그러던 아이가
말도 배우고 오줌도 가리다
무심히 던진 말
할머니, 우유 다 먹고 깍지는 버리는 거야,

그래,
어쩔줄 모르는 심장은 떨려
어쩔줄 모르는 우유 깍지……

하던대로 그대로
잘 노는 아이의 얼굴을 바라보며

아직 남아 있는 할 일
휴지통에서 치유할 수 없는 입맛을 잃는다.

강태공

여행하기 좋은 날
골골마다 감탄사를 주는 저 절경
시로 붙잡고 싶어서

망망대해에 낚싯대를 드리우고
강태공처럼
고스란히 그리움 사르는 바닷가 산방

단 한 사람 드리고 싶은
행위예술
아, 태공시어.

4
네 잎 클로버 열차를 타고

신호

내 몸에서 신호가 온다
평온하게 가던 길이 멀게 느껴지고
머뭇머뭇하며 주저앉고 싶어서
신호를 했었다

중국의 대지진 날 때
두꺼비가 자꾸 높은대로 대피하는 것처럼
열매를 따낸 골다공 든 가을 단풍
무릎에서 소리가 난다
기운도 떨어지고 의욕도 없어 시도 못쓴다는 신호다

그럴수록 소리는 내어야지
안이해도 쉬지 않은 초승달 보름달
그믐달이 뒤바뀌고 있어

초승달은 초승달이라 기대되고
보름달은 보름달이라 기대되고
그믐달은 그믐이라 기대했었는데
외, 몸은 만질수록 헐거워지고 있나.

신호등 앞에서

가시오, 멈추시오
신호등은 사거리에만 있는 게 아니다

이변으로 병원에 입원해서 알리는 방향
여기저기 아픈데를 말하지 못하면
불이익이 떨어지는 생존 문제
갑자히 신호등이 되는 생각

이 약이 좋은가, 저 약이 좋은가
신호를 잘못하면
일등급 이등급 사잇길에서
봄바람에 버들가지처럼 흔들흔들 하여
신호등은 작동 정지.

네 잎 클로버 열차를 타고

행운의 기대에 빠져서
나는 클로버 열차를 탔습니다

네 잎 클로버 찾는 풀숲은
커 가면서 재잘거리면서
까르르 웃기도 하는 소녀가

네 잎 클로버를 찾으면
기뻐 뛰기도 하고
막연한 그리움도 있었는지.

덜그렁덜그렁 설레기도 하는
여자의 방에 꽃등을 달아
환히 밝히는 일이었습니다.

꿈도 많은 열차 속엔
같이 살아가는 풀숲을 뒤지는 일만이
시인으로 어머니로 끌어주는 끈 놀이

이순까지
한 번도 토라진 적 없이
클로버 열차를 타고 가는 겁니다.

만경강 그 물줄기

수십 개의 수문을 달고
경운기 땅 바수는 소리로
만경벌은 목적지를 향해 출발한다

동창에 빛 들면
햇살과 공기와 물을 버무려 옥토가 되는 마을
들녘 한가운데 있어도 세상과 소통하고
하늘과 바다도 갈아엎어서 종자를 드린다

어제는 저 논빼미
오늘은 이 논빼미
차근차근 돌려가며 잡풀을 걸러내는 농부의 손으로
갈대밭도 뒤엎어 알곡이 주렁주렁 매달리는 풍요

온갖 세상 풍상을 겪어도
둘러만 보아도 뿌듯한 그 벌판
가래질하는 농부의 다랑이마다
농부의 고단은 들숨날숨으로 사라지고

무럭무럭 커가는 아이들을 보고
굽은 어깨도 펴는 뿌듯함
얼마나 높다랗게 올렸는지
만경강 물줄기가 고갤 돌리지 않으려 한다.

짚

그래, 내가 먹고 있는 이 밥
나는 그 나무야
먹고 쏟아내야 사는 이 몸
만경들에 심어서 가꿔 들인 내력의 짚이란다.

그 때는 아이 낳던 산모도
짚을 깔고 몸을 풀며
뒤처리까지 탯불로 마무리하는
아니 태어나서 나를 제일 먼저 보듬어 주던 그 짚이란다.

한 나그네가 마을을 둘러보면서 집집
짚 눌을 보고 부자인지 빈곤한지 가늠할 수 있었고
그 시대 정보를 안 문화가
마을에서부터 큰 성을 이루고 예까지 왔었지

수시로 짚을 들어다 아궁이에 지피던 어머니는
불 붙여 밥상을 준비했고
속살도 녹이며 복을 만드셨지
짚처럼 당신 온 몸을 주셨었지

애환이 담긴 그 농한기의 사랑채에서는
어르신들이 사는 이야기며
가마니며, 꼴망태, 이엉이며, 짚신
생활용품까지 만들어 냈었고

문화 또한 짚에서 꽃처럼 피어
어미 마음으로 그렇게 사랑하는
다시 태어나도 저 드넓은 만경벌
밥나무인 짚이련듯…….

참깨의 웃음

집집이 환호받는 참깨
깨 볶는 소리
멜로디로 이웃집까지
고소한 내음 풍기는 우리 것
신토불이 깻대까지 한몫 하느라
종다리까지 매를 맞고 섰다

두들기면 우수수 떨어지는
요술방망이든 금구 할멈
우리 것 좋다는 게 환호를 받아서다
꽉, 다문 입술로부터
나 중국서 왔어요 할 이가 없는,
빙긋 웃음 짓는 그 할멈이
어머나, 금방 턴 참깨 잘도 여물었네
밥 먹듯 고소한 맛에 잘 길들었다

강남에서 온 복부인들
신토불이 인줄 알고 깻대까지 달라는
나도 몰라, 우리 것인가, 중국 것인가

오직 심은 사람만 아는 고소한 맛

어마나, 여기서도 그러네요
대목장 터에 나온 환호받는 그 내음에
내 딸도 속아 넘어가 버렸나 봐.

나는 고모엄마

축하객으로 둘러 싸인 결혼식장
어미 대신으로 앉아있는 고모는 아빠의 누나인데
딸의 행복을 위해
조각포에 꼭꼭 싸둔 고모 마음을 들고 시선을 끊다

일생에 한 번 뿐이 선남선녀 합방하는
그 절차가 고모가 어미가 된들
어미 대신인 것을
어렵게 잡은 손 평생 변치 말고
검은머리 파뿌리 되도록 살라는 백년 가약인 것을

큰 절 받고 촛불 켜 주고
폐백대추 던져주고 쇠털 같이 많은 날
오늘 일 꺼내서 사용하는 애잔한 마음
분수처럼 사랑을 품어낸다.

화회마을

봄나들이하기 좋은 날
안동 부용대에 올라와보니 강이 빙 둘러있는
화회마을이 안내한다
종택 안방에서 쿨럭쿨럭
쇠잔한 기침소리가 들리는 듯
뜰에 달라붙어 있는 조선시대를 보여주고 있다

세월의 무상함 고택의 갑옷이
화회마을의 자랑거리였고
물돌이 마을이라고 전해 주고 싶은
옛 향의 자국들
조상의 얼로 남아서 밧줄에 꽁꽁 묶여있었다

이 시대를 끌고 가는 아이들조차도
화회마을에 들어서면 쉬! 소리에 그만 오금이 저려오는
양반법도 우리 조상의 뿌리
충효당 마루에서는 엘리자베스 여왕도
버선발로 올라선 채
남의 나라 법도에 순응한 모습이 아름답다.

지레마을 예술촌에서

벚꽃 날리는 거리를 혼자 걸으니 가슴이 저려
붙잡고 싶은 사람 찾아
지레촌으로 향하게 된다

고독을 아는 지레마을 사람들 만나
산을 한 바퀴 돌며 할미꽃도 보고
산 밑 움펑 파진 강촌도 보고
짙은 향수가 도란도란거리는 지레촌
덧문 밀창문 닫는 소리 익숙치 못해
어느 남편이 말한 이야기가 생각난다

한 번 자보고 결혼을 할 것인데
각시가 좋아서 불야불야 결혼을 했더니
평생 이 가는 여자와 살게 되었다고
이 웃음으로 이 일을 잊을 수나 있으랴.

횡재

1
우연히
내 앞에 홍시가 떨어진 건
횡재였지요

그 많은 사람 중에
홍시처럼 반가운 사람
내게는 있었지요

벽으로 바라보기만 한 사람……!

2
이것은 횡재로 보아도 돼
가을길을 가던 중
하늘에서 뚝 떨어지는 홍시
배고픈 참에 주워 먹는 맛
우연치고는 신의 계획이었어
글 들어 가야 할 족자에
나의 시를 쓰시는
스승님의 손길은 걸작이었어.

간증

그때도 그 자리에 그분이 계셨지요
지은이도 제목도 모르는 시 등판에 새겨입고 와서
백일장 주최에 등을 보이며 이 시를
알아내는 분을 스승으로 모시겠다는 분

이번 백일장은 주최측이 도생이요
과제를 낸 사나이 등을 보이며 나는 읽어보았지요
제목도 지은이도 없는 시
그 속엔 길이 있고 벽이 있어
나는 답했지요

사나이는 어떻게 아느냐고, 반색했지만
그분은 포도나무요 나는 가지라
가지가 나무에 붙어있지 않으면
어찌 이런 이유가 있으리오

등판을 내민 사내는 맞추는 이를
스승으로 모시겠다고 약속을 해놓고
지금까지 소식 한 자 없지만

나 있는 곳에 그분은 계셔서
땅에 떨어진 체면도 일으켜 주시는 분이지요.

배산 연가

내가 그를 찾았던가
그가 나를 불렀던가
많은 이가 찾아오는 이 요람
찾는 이 마다 하나같이 배산이 없으면
어찌 살았을까

뒷동산으로 부르는 배산을 늘 어깨동무하고
하늘 아래 이만한 놀터를 갖춘 이 어디 또 있으랴
배산 정기 가슴 깊숙이 채우고
풍만한 활력소 내 바퀴에 빵빵하니
시는 한없이 달리고

삭막한 들 가운데 작은 산 향이
그대를 품어주었기에
그 고지를 넘어옴이라
어찌 귀인이 아니겠는가.

만추 거리에서

붉은 물이 든 가을도
더는 갈데가 없어
하릴없는 낙엽 손을 놓고 마는가

벌레처럼 울음을 품어서
하소연이라도 해볼 것을
다가드는 추위와 맞설 힘이나 생길라나

사면을 둘러보니 알곡은 곳간으로
쭉정이는 불에 타는 갈림길
암담한 믿음은 지금 어디서 무얼 하고 있는지
그렇게 울어대던 벌레소리 그친 황량함이여

스산한 바람에 오갈 든 육신에게
〈애야, 정신 차려〉
다시 일으켜 세운 그 정신
가야 할 곳은 어디기기에 몸만 뉘는것인지.

새해 앞에서

일출 앞에 몸을 사리고 있는 새해
만상이 붉은 해로부터 새해를 맞는다

기상을 드높이는 백마처럼
의기양양한 을미년
서서히 밝아오는 해의 뜨거운 심장으로
지난 해보다 더 잘해보겠다는 다짐으로

시작은 설레고 두렵고
추워도 희망은 불붙여 동녘 하늘은 발갛고
어둠의 좌절에서 극복하는
새 힘의 싹틈이라니
삶을 꿰어 끌고 가는
희망이여 새해여
존귀하고 보배로운 너는
내가 칭찬하는 내 아들딸이라 하신
그 분도 여기에 내내 존귀한 대접을 받도록
사랑을 받고 사랑을 주는 삶에 어울리게
불붙여 주소서.

설악산

10월이 되면
방방곡곡에서 예술제로 들썩이는
지역예술 감탄사가 있다

누구나 한 번쯤은 가고 싶다는 설악산
눈화살 단풍이 당기면 울산바위가 맞고
그 자리에서 한 바퀴 돌려주는 설악산
어리벙해진 나는 울산바위 의연한 자세에
제 풀에 떨어지고 만다

계단 타고 850m 정금성까지 올랐고
설악산 독경소리 유장한 울림에 몸을 싣고
절벽을 타고 내리다가
그만 소원주머니를 떨어뜨리고
이 모양 저 모양으로 스릴을 만들고 있는 절경
혹 나무에 걸린 게 아닌지
나무를 살펴보지만 머물 수 없는 인파에 밀려
다음 기회에 찾겠다는 아쉬움 남기고 온 설악산.

단풍 연가

세상에 왔다가 세상을 떠난다는 것은
인생 만이 슬픈게 아닌가보다
내 눈을 끌었던 단풍잎
만추 속에 끼어서
영상편지 종이비행기로 전달하려다
바람 끌림에 가을 무도회장으로 간다

만추의 거리 광경을 보라
왈츠 부르스 탱고 지르박 낙엽이 춤을 추고 있다
치맛자락을 질질 끌며
파트너 손잡아주는 바람둥이와
끝내 신델라로 만들어놓고 숨이 찬 고별 인사인가

오 헨리의 마지막 잎세까지 손잡아주며
그대 때문에 살았노라
아, 내 사랑아.

5
내가 할 수 있는 일

아리울

하늘이 열리고 땅이 있어라
천지창조가 비롯된 새만금 방조제 문 들어서니
방금 태어난 저 신생아의 울음소리
바닷바람 출렁이는 곳에 솟는다

신천지에 발판을 대고
풍력으로 에너지를 만들 물막이며
어떤 힘이든 실어주고 싶은 생각들로
어기영차 땅이란 땅 다 다진다

아직 먹이가 맞지 않아 푸른똥을 싸는 아이에겐
어미 젖을 물려주고
부지런 떠는 장비들 물방귀 핑핑 뀌는 토사들엔
하나 되기 위한 뭉치는 소리 있어

모형도 속의 알이 되어 있는 미래의 꿈
세계를 그곳으로 끌어오자며
눈을 맞추는 저 어미들
안방에서도 웃음꽃 핀다.

임플란트 이

산골밭 고구마꽃 보기가 한나절 가웃이 걸렸다면
나에게 임플란트 이 심는 길은
그 보다 더 한 곱길

부실한 이 오물거리며 노동판을 꿀꺽 삼킨 뱃속
재앙이 왔다고 몸을 비틀 때
이것은 이 안 닦은 죄

어느 누구도 대신 해주지 못해
순수히 받아들이기로 하고
고령의 다리에 와서 찹쌀 몇 살 먹기 위한 길

임플란트 이 잉태는
내 생을 얼마나 버티어낼까
출렁거리는 다리를 건너며 치과에 간다.

내가 할 수 있는 일

너는 장식대 위에 그대로 있어도
나는 시간처럼 움직여 왔다
살면서 내가 할 수 있는 일
기념이 된다거나 공적이 있어
내 집에 들어와 같이 살게 된 친구들 집합소가
장식대 위였다

하림 통계곡에서 건져올린 돌 속의 새가 사랑받듯
텃밭에 심은 고구마 새, 신기하게도 발명품처럼 대화를
청해서
바닷가에서 놀던 솟대도 난향을 물고서 바다를 거닐고
나의 보람이 된 상패 곁에 어깨를 나란히 하고 있다

여기저기 돌아다니며 주워왔던 추억거리들
그냥 좋아하는 조각품 수석들
외롭고 괴로울 때 바라보며 묻고 대화했었다
예술의 몸짓 같아 보면서 꽤나 시로 읽었다

먹을 때나 잠잘 때나 장식대 위를 바라보는 나는

내 손자 손녀 쌍다구 뽀뽀도 있어 살아가는 힘을 얻었고
이들이 나에게 잘 보이려고 저희끼리도 소근거리며 미소로
내 흔들리는 양심을 바로 잡게 했다
이것이 내가 할 수 있는 일.

민들레 꽃씨

기독도 전도길에서
민들레 씨방을 따 들었다

눈길 한 번 주지 않고
하나님 말씀에 순종하는 민들레

낙하산을 타고 바람이 끄는 대로
악의 골짝까지 복음 들고 간다.

오산 사성암

높은 곳을 향하여
저토록 목을 빼고 바라봄은
독경소리에 좌정하고 계신
관음보살 앞의 향불에
저절로 자식의 앞길에다 불 밝혀 놓음인가

일천 배 삼천 배
엎드려 절하는 정성 하늘에 닿겠다고
오르던 사성인의 불도자리
섬진강으로 흘러내리는
내 정성도 겹친다

소원 바위 앞에 싸인
동전 놓기 위해
중생들의 공으로 반들반들한 그 공든 탑에
나도 따라 공을 들이네.

근하신년(槿夏新年)
—해맞이 시

천방지축으로 뛰어놀다
선생님 호루라기 소리에 모인 학동같이
새날 일출 앞에 나란히 섭니다

다시 시작하는 자세 각오 되어있지요.
도전이라는 항해 운전대 잡고 시작하는 새해
말보다 행함이 절실한 아침 차림표 보고

살면서 있으나마나 한 사람보다
꼭 필요한 사람이 되라고 동녘 하늘은
저리 발갛게 밝아오고 있습니다

우리 가는 곳마다 닿는 곳마다
서로 끌어주고 밀어주며
정유년을 향하여 부지런이 나갑시다.
여러분, 모두모두 소원 이루소서.

일출

——해맞이 축시

내 소망 붉은 항아리에 담아들고 솟는 일출이여
어둠을 백마처럼 뜯어먹으며 서서히 올라오는 해여
산 꼭지 정상에 고양이 걸음으로 올라와서
뜨거운 심장으로 지난해보다 더 잘해보겠다는 다짐이
해맞이로 섰노라

시작은 설레이고 두렵고 추워도
희망은 불붙어 솟는 해와 같구나
동녘 하늘이 발갛게 타오르는 것은
어둠의 좌절에서 극복하는
안간힘이 싹트는 것이 아니드냐

해야 솟아라
희망이여 빛나라

허투루 보낸 지난해보다
못이룬 나와의 공약으로 더 일찍 일어나고
더 잘해보겠다는 다짐이 불붙어
일출의 대열에 서서
솟아오르는 소망이여.

설경

동산나무마다 하얀 눈꽃으로
저절로 감탄사가 나오는
눈부신 날
눈 나라에 초대받은 가슴은 마냥 설렌다

아이들도 부르고 친구들도 불러서
같이 눈집으로
눈 세상의 대문 앞에서
조심조심 주인을 부르니

어서오셔요, 반갑게 맞아주는 주인 얼굴은 차다
눈집 곳간도 있고 온통 눈으로 만든 가구들
식탁에 놓인 한여름에 맛본 아이스크림이
여긴 많이 있어 눈이 동그레진다

울 밖은
풍경탕에 발을 담그고서
신비한 촉감에 오래 있으니
아이스크림은 녹아내리기만 하고

아무리 눈부신 눈꽃에
마음을 고정시켜놓고 있다 해도
눈은 눈끼리만 손잡고
나는 온기를 비벼대기만 하네.

바다는 방생을 원해

고성 휴휴암 앞마당에서는
물고기들이 염불에 맞추어 공연을 한다
이 방에서 저 방으로 저 방에서 골방으로
왔다갔다하면 암자는 홍황해간다

일등 공신인 방생 물고기
사료 따라 발밑에서 나요 나요. 초등학교 1학년 교실같이 와글와글
그걸 잡아다가 항아리에서 하룻밤 재우고
다시 돈 받고 방생길 가는 물고기

누구나 방생을 하면
죄에서 자유를 얻게 된다는
막힌 길이 뚫린다는 병에서 해방된다는 설로
휴휴암은 공연 준비에 극장 앞이 분주하다

암자의 향불은 북한강을 두루 밝혀놓고
찰싹찰싹 박수치는 파도소리 귀 울리지만
휴휴암 큰 바위 얼굴 빙그레 웃음띈 게

꼭 놀고 먹는 우리 건달같이 보인다

휴휴암 염불소리 부끄러움인지 참선인지
왠지! 사는 게 나나 그나 별 차이 아닌상 싶어
날만 새면 고개 쳐들고 있는 그 허욕
바닷가에서도 눈짓을 한다.

눈꽃송이 해맞이

새해맞이
신년 첫날에 함박눈이 내려 눈맞이가 되었네
해마다 똑같은 새날을
다른 새날로 바꿔보고싶은 마음
용케도 알아차린 기후
그가 요술방망이 휘둘러 함박눈이 내린다
신년 대통이 내린다

배산 정상의 눈맞이 눈꽃 재단이 되고
새해 반기는 사람들 눈사람이 되고
눈나라 눈춤이 제단에 바쳐지고
새해 메시지 눈꽃 핀 세상을 강타하고
시베리아로 떠나는 눈 열차 코 맹맹이 소리로 들린다

혹독한 그 추위에도 우리의 희망은
눈을 좋아하는 강아지처럼
모두들 하늘로부터 내려오는 눈꽃송이 반기는 환호로
신년 운수대통으로
만만 대해로다

검지 손가락으로 순서지 꼭 누르고 진행하는 사회자
게걸스러운 입담도 루돌프 코같이 빨개졌네
새해맞이 새날의 축복도 불붙어 빨개졌고
새해 축시 낭송 또한 훈훈한 난로가 되어
뜨겁게 새날을 보듬어보네
힘차게 새날을 맞는 그 가슴 두근거리네.

국제박람회에서

이 나이에도 입덧을 한다
물어물어 찾아온 완도 바닷가
해삼 한 점을 입에 넣고 오물거리며
결혼하여 첫 아이 임신했을 때와 같이
기대의 설렘은 짭조름한 바다를 맛보고 있다

많은 생명을 품고 파도로 덮어버린 완도 바다는
내게 빨대를 대고 빨아서 바닷속을 더듬게 마취시켜 버린다
고래나 식인상어가 불쑥 나타날 것 같은 두려움
풍어를 싣고 들어오는 뱃고동 소리에 놓아버리고
갈매기도 한 점 얻으려는 듯 합창으로 날이 선 완도 국제박람회

젖은 옷을 입고 바다를 생선처럼 다루는 업자 앞에
내 몸 속에서는 이미 태아가 양수 속에서 발길질해댄다
상상만 해도 금은보화로 출렁거리는 완도 해조류
하늘을 배회하는 꽃구름 마당까지 풍어 발을 펼쳐놓고
해산날을 손꼽아 기다린다.

설(雪) 동백

울안의 외독자 동백나무가
가을부터 꽃짐 맺더니
설화되겠다고
부추기는 기온 따라
철없이 굴더니

대문 밖으로
아장아장 걸음마하다
폭설로 냉혈을 입은 얼굴이 되더니
남 보기가 부끄러웠나
쌩판 어미 탓을 하네.

| 해설 |

다양한 생활시 퍼레이드

| 작품해설 |

다양한 생활시 퍼레이드

정성수(丁成秀)

(시인·한국문인협회 시분과회장)

김옥녀의 시집 『단오시선』은 그 특징을 단적으로 말하자면 다양한 '생활시 퍼레이드'라고 말할 수 있을 것이다. 그 다양한 '생활시' 속에는 문자 그대로 우리들의 생애 속에서 펼쳐지는 여러가지 크고 작은 생활의 편린들, 즉 수많은 총천연색 삶의 모습이 녹아있다.

그러니까 김옥녀의 시는 그가 거느리고 있는 시적 색깔의 진폭만큼 따뜻한 친화력과 호소력, 설득력을 지니고 있다. 이것은 아마도 김옥녀 시인만의 특별한 시적 개성이라고 말할 수 있을 것이다.

한국적 정서를 이처럼 향토색 짙게 노래할 수 있다는 것은 그 조금은 어눌한 듯한 속삭임의 진정성과 함께 하나의 큰 시적 축복이 아닐 수 없다. 말하자면 시는 단순히 표현과 기교의 세련만이 능사가 아니기 때문이다. 시의 아름다움과 멋과 감동은 다층적 측면에서 꽃향내처럼 생성되는 종합적인 그 무엇이 아니던가.

어머니의 옛이야기처럼 편안하고 푸근하고 친근하게 다가오는 김옥녀의 시는 그의 나이와 농촌 고향과도 잘 어울리는 문자 그대로 한국적 풍미를 갖춘 시이다.

다음 시를 살펴보자.

조개피로 소꿉놀이하던 소녀
혼담이 오고 갈 때부터 준비된 스텐대야
시집오는 날 나보다 먼저 방 가운데에 앉더니만
제 자리가 아닌 듯싶어 저는 세면대로 가고
나는 방에서 살았다

자주 세면실에서 발에 걸려 비상벨인 듯
요란한 징처럼 자기를 알리기도 하지만
씻으면서 받아내던 찌든 때
수세미로 박박 닦아주면
그때 시집오던 날 마냥 반들반들한 몸에서 나는 빛
천년만년 따논 광처럼 뽐냈다

사나브로 검은머리 희어가는 무상함
뉘 위로하랴마는

스텐대야는
날 때부터 받은 복자를 가슴 한가운데 새겨놓고
함께 살아온

시혼(詩魂)의 손은

아직도 스텐대야를 닦고 있다.

—「스텐대야」 전문

1연에서는 '조개피로 소꿉놀이하던 소녀'가 '시집오는 날 나보다 먼저 방 가운데 앉'아있던 '스텐대야'가 '제 자리가 아닌 듯싶어 저는 세면대로 가고/ 나는 방에서' 살게 된 상황을 노래한다. 일반 사람들이 주로 '놋대야'를 쓰던 그 당시의 '스텐대야'는 결혼할 때나 준비해갈 정도로 귀하고 비싼 신제품이었으리라.

이 시에서 특히 재미있는 것은 '시집온' 화자가 그 귀한 '스텐대야'보다 귀하고 소중한 존재라는 것을 슬며시 웅변하고 있다는 점이다. 말하자면 시의 화자가 평범한 보통신부가 아니라는 것을 객관적상관물인 고급 대야, 즉 '스텐대야'로 슬쩍 환치시켜놓고 있지 않은가. 이것은 달리 말하면 사물과 다른 화자의 존재 확인, 정체성 확인, 인간으로서의 존엄성 확인에 다름 아니다.

2연에서는 그 귀한 '스텐대야'가 세면실에서 자주 화자의 발에 걸려 '비상벨인 듯 요란한 징처럼 자기' 존재를 신과 화자에게 '알리'는 것을 노래한다. 사물과 인간이 애니미즘 속에서 피차 상대를 향한 일종의 존재성 확인을 하고 있는 셈이다. 이 또한 지상에서 펼쳐지는 일종의 변형된 생존경쟁이라고 말할 수 있다.

3연에서는 두 개체의 화해를 노래한다. '스텐대야/ 날 때부터 받은 복자를 가슴 한가운데 새겨놓고/ 함께 살아온/시혼(詩魂)의 손/ 아직도 '스텐대야'를 닦고 있다.

시집올 때 가져온 '스텐대야'와 화자의 '시혼(詩魂)의 손'이 닦는 '스텐대야'가 하나의 동일체로 존재함으로써 사물과 인간의 상호 사랑과 신뢰가 섞인 조화와 평화의 관계로 자연스럽게 승화된다.

다음 시를 살펴보자.

삶의 뒤안길에서
발붙일 곳이라곤 맷갓밭
두렁을 만들어서 흙속에 몸을 푼다

내리쬐는 햇살을 받아 끓여
홀홀 마시는 산후조리밖에 더없는
산 뻐꾸기 울음이 하도 구슬퍼
흘리는 눈물로 돌아눕고

아침에 피었다 저녁에 지는
나팔꽃을 복사한 꽃에게
벌 나비도 찾아와 준다지만

보잘 것 없는 오두막일지라도
지풀을 지펴 지어낸 밥상 앞에
떡두꺼비 같은 새끼들 끌어안고
더 부러울 게 없는 고구마꽃 밑

가까이 오는 발자국 소리

가을을 풍만으로 채워가는
허름한 산비탈에도 기쁨은 찾아와주네.

—「고구마꽃을 보며」 전문

'산비탈'에 피어난 '고구마꽃'을 등장시켜 산골사람들의 가난하지만 따뜻한 행복을 노래하고 있다. '흙 속에 몸을 푼다'든가, '내려쬐는 햇살을 받아 끓여/ 훌훌 마시는 산후조리'라든가, '떡두꺼비 같은 새끼들'이라든가 하는 여성적, 모성적 표현들이 이 시를 더욱 푸근하고 맛깔스럽게 해준다.

더 나아가 화자는 '보잘 것 없는 우두막일지라도/ 지풀을 지펴 지어낸 밥상' 앞에서 '새끼들'과 함께 '더 부러울 게 없는/ 고구마꽃 밑/ ……허름한 산비탈에도 기쁨은 찾아와' 준다라고 속삭인다. 산속 서민들의 가족애와 생의 '기쁨'이 소박한 진정성과 함께 피부 곁으로 따스하게 다가온다.

다음 시를 살펴보자.

소나무 향기 그윽한 마을에 사는 사람들은
단옷날 모여서 흥겨운 풍악소리에
고개를 끄덕끄덕 흥으로 시를 써요

작은 마당이지만 모두가 즐기는
만국기 줄줄이 걸어놓고
노래자랑 춤자랑 행복자랑을 써요

아카시아 향기 입에 물고
여린 새싹까지 구구절절이 시를 써내면
기가 왕성한 단옷날 모인 시객들은
노는 것도 시다 발표하지요

팔씨름, 장기, 바둑, 궁, 아슬아슬한 그네의 묘미
하늘님 수염까지 쓰다듬는
시선을 끄는 저 널뛰기 시
신나는 감탄사로 환호를 해요

이것이 우리 마을 사람들이 사는 모습여요
어찌 난들 빠질소냐, 들썩거리며
어깨춤을 추는 신록의 추임새
구경하겠다고 한량 걸음으로 오시는 임들 보오

가슴 속까지 번져오는 배산 정기 담아가는 이곳에 오시면
단오시를 읽어볼 수 있어요
우리 마을 사람들은 이렇게 풍류를 즐기며
살고 있음을 볼 수 있어요.

—「단오시선」 전문

화자는 '단오'날의 풍경을 '소나무 향기 그윽한 마을에 사는 사람들은/ 단옷날 모여서 흥겨운 소리에/ 고개를 끄덕끄덕 흥으로 시를 써요.' 라고 멋스럽게 노래한다.

1연에서 보여주는 것처럼 '단오날'은 마을 사람들에게 '고개를 끄덕끄덕 흥으로 시를' 쓰게 하는 대단히 즐거운 날이다. '흥으로 시를' 쓴다는 표현이 이 작품에선 그 나름의 적절한 호소력을 지니고 있어서 전혀 낯설거나 과장으로 들리지 않는다.

2연에선 '만국기 걸어놓고/ 노래 자랑 춤 자랑 행복 자랑을' 하는 마을사람들을 등장시켜 '흥'으로 시작하여 '노래'와 '춤'과 '행복 자랑'까지 이어지는 다양한 축제의 장을 노래한다.

3연에선 '아카시아 향기 입에 물고/ 어린 새싹까지 구구절절이 시를 써내면/ 기가 왕성한 단옷날 모인 시객들은/ 노는 것도 시다 발표하지요' 라고 '노는 것도 시'가 될 정도로 따뜻하고 아름답고 즐거운 심상을 떠올리게 한다.

4연에선 '팔씨름, 장기, 바둑, 궁, 아슬아슬한 그네의 묘미…… 널뛰기 시'까지 구체적인 놀이 상황을 보여준다. 화자는 그 전체가 모두 '시'라고 명명한다. 관중들은 그 다양한 '시'에 '감탄사로 환호'를 보낸다. 그야말로 역동적인 축제의 장이다.

5연에선 대자연의 일부인 '신록'까지 이 축제에 '어깨춤으로 추임새'를 넣어주는 것을 노래한다. 마을사람들과 자연이 함께 어우러져 펼치는 그야말로 한바탕 멋진 축복의 하모니가 아닌가.

화자는 6연에서 '가슴 속까지 번져오는 배산 정기 담아가는 이곳에 오시면/ 단오시를 읽어볼 수 있어요./ 우리 마을사람들은 이렇게 풍류를 즐기며 살고 있음을 볼 수 있'다고 함께 모여 '풍류를 즐기며' 사는 마을사람들의 행복하고 여유로운 삶을 크게 상찬한다. 개인과 개인의 갈등과 생존의 싸움이 사라진 평화와 축복의 메시지가 시 전체 속에 하나 가득 넘쳐난다.

다음 시를 살펴보자.

언제나 차향으로 다가오는
잔잔한 호수
거기는 면경처럼 내 얼굴을 들여다보는 손거울

주머니에서 꺼내 쓰는 물건같이
거울 속에는 산천이 담겨있고
하늘도 내 것인 양 펼쳐져

종종 어깨동무하고
더러 평온을 훔치기까지 하는
내 마음 깊은 곳

왜, 없겠는가
붉으락 푸르락
또 붉으락

시도 때도 없이 변덕스러워
거울을 꺼내 들면
잠시 눈 녹듯 하는 바로 거기.

—「호수 거기」 전문

'호수'를 노래한 아름다운 서정시다. '언제나 차향으로 다가오는/ 잔잔한 호수'는 '면경처럼 내 얼굴을 들여다보는 손거울'이나 다름없다. 화자의 내면과 외면을 동시에 들여다보는 마법의 손거울처럼 '호수'는 그렇게 너무나도 맑고 깨끗하다.

그런가하면 '주머니에서 꺼내 쓰는 물건같이/ 거울 속에는 산천이 담겨있고/ 하늘도 내 것인 양 펼쳐져' 있다. '호수'는 그야말로 대자연과 인간의 영혼이 모두 숨어있는 지극히 환상적인 존재이다.

거기다가 '종종 어깨동무하고/ 더러 평온을 훔치기까지 하는/ 내 마음 깊은 곳'처럼 파도와 잔잔함이 공존하는 내면 속 또 하나의 풍경이기도 하다. 덧붙여서 화자는 이렇게 진술한다.

'왜, 없겠는가/ 붉으락 푸르락/ 또 붉으락' 그렇다. 화자의 마음 속에는 늘 다양한 변화와 갈등이 섞여있다. 어찌보면 '시도 때도 없이 변덕스'럽다. 그럴 때 객관적상관물인 '호수'를 들여다보면 가슴 속의 갈등과 불안이 '잠시 눈 녹듯' 사라져버린다. 사람의 갈등을 치유하는 대자연의 위대한 힘이 '거기'에 수줍은 낯으로 존재한다.

김옥녀의 시는 이처럼 사물과 인간관계, 산골 속 삶의 평화와 행복, 단오날의 다양한 풍속적 상황, 대자연 속에서의 심리적 치유 등 대단히 다양한 모습을 그 특유의 따뜻한 시선으로 보여준다.

이것은 김옥녀의 시세계가 지니고 있는 인간과 사회와 자연에 대한 통찰과 지혜의 폭이 그 누구 못지않게 깊고 넓다는 사실을 한 마디로 웅변해주는 것이다.

앞으로 그의 시가 이 땅에서 더욱 아름답고 풍요로운 결실을 맺게 되기를 독자의 한 사람으로서 바라 마지않는다.

김옥녀 시집_ 단오시선

초판 인쇄 | 2017년 11월 5일
초판 발행 | 2017년 11월 10일

—

지 은 이 | 김옥녀
발 행 인 | 문효치
편집국장 | 김밝은

—

펴낸곳 | 사단법인 한국문인협회 月刊文學 출판부
주소 | 서울시 양천구 목동서로 225 대한민국예술인센터 1017호
전화 | 02-744-8046~7
팩스 | 02-743-5174
이메일 | klwa95@hanmail.net
등록 | 2011년 3월 11일 제2011-000081호
ISBN 978-89-6138-362-2 03810

—

값 10,000원

—

이 책은 익산문화재단의 지원금으로 제작되었습니다.